6 ?? 514

AF475502

PRIX : 5 CENTIMES

A LA PROPAGANDE DÉMOCRATIQUE ET SOCIALE

1, RUE DES BONS-ENFANTS

ET CHEZ TOUS LES DÉPOSITAIRES.

BIBLIOTHÈQUE NATIONALE R.F. IMPRIMÉS

LE SOLDAT DU PAPE

OU

LE ROLE DE L'ARMÉE

SOUS LE MINISTÈRE FAUCHER - BARROT

PAMPHLET

POLITIQUE, SOCIALISTE ET ÉLECTORAL.

I

Dans un petit village du département des Bouches-du-Rhône, à M....., une honnête famille de métayers cultivait le même champ depuis plus de cinquante années,

Le métayage est un régime agricole tout patriarchal. Là, pas de rente ruineuse à payer au propriétaire foncier, pas d'exploitation usuraire des bras du prolétaire, pas de pression du capital terre sur le capital travail ; mais une association véritable entre le travail et la terre, un partage presque toujours proportionnel des bénéfices de l'association.

Aussi, est-ce un fait significatif à observer, que depuis la *révolution sociale* de février, les provinces à métayage ont vu se développer très-rapidement les

1849

Lb55 514

sentiments de la démocratie, tandis qu'un mouvement en sens inverse a eu lieu dans certains pays à fermage.

Mestré Maclou et sa famille cultivaient donc leur champ, loin des agitations politiques et des luttes fratricides qui si souvent ensanglantent nos grandes villes. Maître Maclou avait cependant des opinions; et ces opinions étaient un culte. C'était un vieux républicain de la vieille république, qui avait connu Barbaroux et Rébecqui, Danton et Robespierre. Au mois de juillet 1792, lorsque les patriotes des quarante-huit sections de Paris mandèrent les *Marseillais*, il avait laissé dans un coin sa bêche, et s'armant d'un fusil, il s'était rendu à l'appel avec son frère Mathurin. Tous deux assistèrent et prirent part à l'immortelle journée du 10 août. Puis quand la République fut proclamée, maître Maclou dit à son frère :

— Ami, la patrie a besoin de soldats pour la défendre et d'agriculteurs pour la nourrir. Tu as du goût pour l'armée, toi; suis ta vocation. Moi, je retourne à mes vignes et à mon champ de blé.

Bien des années s'écoulèrent; bien des révolutions, bien des restaurations et des escamotages politiques eurent lieu; bien des ambitieux et des intrigants firent leur chemin. Mais comme nos deux frères n'étaient que d'honnêtes prolétaires, faisant honnêtement leur métier, l'un de paysan l'autre de soldat; nous les retrouvons en 1847; maître Maclou toujours courbé sous son rude labeur, et Mathurin à l'hôtel des Invalides, avec un bras de moins et un galon de plus: le galon de laine.

Maître Maclou avait un fils, qu'il élevait dans le culte des souvenirs républicains. Quelquefois, le soir, après une journée de fatigues, assis devant un bon feu de *roumias*, loin des femmes et des petits enfants, maître Maclou lui disait :

— Jean, la journée a été bonne, il faut la bien finir.

Alors fermant avec soin la porte, pour n'être pas surpris par le garde champêtre, par le curé ou l'adjoint au maire, ouvrant un méchant bahut, il en tirait un buste de plâtre noirci par le temps, et un petit livre. Le buste était coiffé d'un bonnet rouge : c'était la Liberté ; le petit livre avait pour titre : *Déclaration des droits de l'homme et du citoyen.*

Et le père racontait alors au fils, en présence de ces reliques vénérées, et dans son langage naïf, quelques épisodes de ces grandes luttes révolutionnaires, qui furent le berceau de la France moderne...

— Ah ! répétait invariablement maître Maclou, en terminant son récit, c'était le temps de l'Egalité et de la Fraternité. Les pauvres gens n'étaient pas comptés pour rien ; tous les Français votaient au district ; les grades, dans l'armée, étaient à l'élection ; les aristocrates et les exploiteurs ne levaient pas la tête. Et si ce n'avait été les royalistes qui, faute de pouvoir renverser la République, payaient des misérables pour la déshonorer et des traîtres pour la vendre à l'étranger, le général Bonaparte et sa séquelle de famille n'auraient pas réussi à détruire le règne du peuple souverain. Mais nous avions la gloire, au moins avec l'empereur Napoléon... Aujourd'hui, ce n'est plus ça.

Avec Louis-Philippe, Guizot, Thiers et toute la bande, nous n'avons ni gloire ni liberté. Aussi, vois-tu, Jean, tu as beau dire, tu as beau vouloir faire comme ton oncle l'invalide et endosser l'uniforme ; quand tu tireras à la conscription, je t'achèterai un homme. Si nous avions la République, je ne dis pas. Mais pour aller te faire le gendarme d'un roi, pour garder des portes de prison, te battre dans les rues de Paris, soutenir un tas de fonctionnaires qui mangent l'impôt et affament nos campagnes, pour être un *soldat du pape* j'aime mieux t'avoir auprès de moi. Ton oncle était un *soldat de la liberté.*

Un jour, une lettre leur vint de Paris. A cette époque, peu éloignée, une lettre de Paris, pour un paysan de la Provence, était un véritable fléau. Les ministres de Louis-Philippe refusaient au peuple toutes les réformes, y compris la réforme postale, et il fallait payer 20 sous une page écrite par un ami ; la journée d'un homme y passait.

La lettre fut ouverte en maugréant. Elle était datée du 25 février 1848 et signée : Mathurin, invalide.

« Cher frère, disait le vieux soldat, je t'écris à cette « fin de te faire savoir que nous venons de proclamer « la République. Ça s'est fait en trois jours de temps « et six mouvements. 1° On a crié : à bas Guizot, qui « était comme qui dirait l'homme à tout faire du roi ; « 2° on a mis des lampions pour fêter la retraite de ce « satané ministre ; 3° des soldats trompés ont tiré sur « le peuple ; 4° on a passé la nuit à faire des barrica- « des ; 5° le roi a voulu nommer d'autres ministres, « qui étaient comme qui dirait des Guizot tout neufs ; « 6° l'armée a fraternisé avec le peuple, et tous nos « larrons ont disparu.

« Mais c'est pas ça ; il faut agir maintenant. Les rois « d'Europe vont nous faire la guerre ; et dans tous les « cas il est bien juste que nous aidions un peu les au- « tres nations à se mettre aussi en danse. Par le flanc « gauche en avant, mon neveu Jean ! Fais comme ton « oncle, il y a cinquante ans ; enrôle-toi sous les dra- « peau de la République. Tu as pas mal d'instruction « et tu parviendras. Le soldat à l'heure d'aujourd'hui, « vois-tu, va être comme un vrai coq-en-pâte. Il y en « a qui disent qu'on remettra les grades à l'élection : « et c'est une bonne chose, parce que le soldat n'est « pas si bête que de prendre des manchots pour por- « ter l'épée ; il sera électeur et éligible ; il pourra par- « ler politique, comme tout le monde ; et il ne craindra « plus, comme sous la tyrannie, de rencontrer un « frère, au bout du canon de son fusil, derrière une « barricade ; le code militaire sera révisé ; enfin, un « tas d'agréments, y compris celui de rosser la coalition.

« Quand mon neveu Jean visitera Paris, de re- « tour de ses campagnes, il viendra me voir aux inva- « lides ; la République de 1792 et la République de « 1848 trinqueront ensemble.

« Je vous embrasse tous ; salut et fraternité. »

Jean Maclou, dévançant de quelques mois l'appel de sa classe, suivit les conseils de l'invalide. Et lorsqu'il partit pour réjoindre le régiment, son père lui remit le petit livre du bahut.

— Fils, lui dit-il, voici la Déclaration des droits de l'homme. Le soldat républicain doit la savoir par cœur ; car la patrie lui donne des armes, c'est non-seulement pour défendre les frontières, mais encore pour défendre les libertés publiques.

II

Plusieurs mois s'étaient passés, et la République

avait subi de cruelles secousses. Comme en 1792, les royalistes, ne pouvant l'attaquer ouvertement et de face, la minaient sourdement, provoquaient des conflits, poussaient les citoyens à des luttes funestes, entretenaient l'agitation, paralysaient le commerce, et, se glissant sous le masque jusqu'aux hautes fonctions, affamaient le peuple à l'intérieur, et déshonoraient la France à l'extérieur, afin de faire regretter la monarchie et le règne du privilége, aux esprits simples et abusés.

Un soir du mois dernier, dans un petit cabaret aux environs du Champ-de-Mars, un vieil invalide vint sasseoir devant une table modestement servie ; avec lui était un jeune homme dont les traits amaigris laissaient deviner de récentes souffrances ; celui-ci portait le costume de l'ouvrier.

Le dialogue suivant fut recueilli par un tĕmoin inaperçu.

L'invalide.—Tu veux retourner au pays ; c'est décidé?

Le jeune homme. — J'ai reçu de mon père la somme que je lui avais demandée, oncle Mathurin. J'ai été au bureau de remplacement ; le marché se signe demain, et je serai libre. J'ai déjà repris la blouse.

— C'est mal, très-mal, Jean Maclou ! Vois-tu, de notre temps, celui qui se faisait remplacer était considéré comme un déserteur par les camarades. La vie du régiment ne te va donc pas ?

— La vie du régiment? Dites la vie de la salle de police et du cachot.

— Le cachot ! on t'a mis au cachot..... tu ne m'avais pas dit.....

— C'est vrai, mon cher oncle, le plaisir de vous revoir après une si longue absence m'avait fait tout oublier. Allez, j'ai été bien malheureux, depuis mon enrôlement volontaire. Vous vous rappelez cette lettre où vous nous annonciez la République ; tenez, la voilà encore. « Quand mon neveu Jean, de retour de « ses campagnes, viendra à Paris, disiez-vous, le jeune « soldat et le vieil invalide trinqueront ensemble ; la « République de 1792 fraternisera avec la République « de 1848. »

Pauvre soldat et pauvre République ! ajouta Jean Maclou en poussant un gros soupir ; et des larmes lui vinrent aux yeux.

— Voyons, pas d'attendrissement, dit l'invalide, c'est des bêtises ; conte-moi tes malheurs, et nous noierons tout cela dans une petite goutte de consolation. C'est au mois de mars de l'an passé que tu t'es enrôlé ; eh bien, est-ce que ta poitrine ne s'est pas gonflée d'orgueil, lorsque tu t'es vu sous les drapeaux de la liberté ?

— Oui, sans doute ; mais après..... Tenez, je vais tout vous dire. Aussi bien, il y a longtemps que je garde ça sur le cœur...

— Je t'écoute.

Et le soldat de la jeune République fit le récit suivant à l'invalide de l'ancienne.

III

Récit de Jean Maclou.

— Il faut vous dire qu'au moment où je m'engageai, tout le monde parlait de la guerre. Les Italiens ve-

naient de se soulever contre l'Autriche ; et le gouvernement provisoire formait une armée au pied des Alpes. Mon régiment partit pour Grenoble, et nos officiers assuraient que dans un mois nous serions en Lombardie. Il paraît que ces messieurs du provisoire eurent peur, et nous restâmes l'arme au bras, manœuvrant et paradant, absolument comme sous Louis-Philippe. On murmurait déjà dans les rangs, lorsque quelques malins nous dirent : « Faut patienter.
« Le gouvernement est gêné par les approches des
« élections. Mais nous allons lui envoyer de bons re-
« présentants ; dans quelques jours l'armée votera ;
« portons des noms de patriotes, et nous culbuterons
« le *Lafayette de* 1848. » On appelait comme ça, au régiment, M. Lamartine.

Je relisais souvent votre lettre, où vous me parliez de tous les droits que la République allait conférer au soldat. Le plus précieux me paraissait celui de voter comme tous les citoyens. Le jour des élections arriva. Mon bulletin était prêt. On nous fit ranger dans la cour de la caserne, et le capitaine nous harangua :
« Soldats, voici des bulletins tout faits. Il faut voter
« comme vos chefs, pour la cause de l'ordre. Je sais
« qu'il y en a parmi vous qui lisent de mauvais jour-
« naux et des brochures anarchiques ; je les connais,
« qu'ils prennent garde ! » Chacun reçut alors un bulletin pour son département. Je jetai un coup d'œil sur le mien ; je votais pour les Bouches-du-Rhône, et mon bulletin portait les noms d'un ex-pair de France, d'un noble du temps de Charles X et d'un curé, sans compter les autres.

Je ne pus retenir une exclamation. « Un curé nommé « par l'armée ! Est-ce qu'on nous prend pour des *sol-* « *dats du pape ?* » C'était un mot de mon père.

Un grand éclat de rire partit de tous les rangs. Le capitaine se mordit les lèvres ; je jetai le bulletin, et je votai à ma guise... Le lendemain, pour une faute légère contre la discipline, j'attrapai quinze jours de salle de police.

Pour un soldat de la Liberté, c'était mal débuter.

Au mois de Juin suivant, la même scène se renouvela ; j'attrapai un mois de prison, parce qu'il y avait récidive.

— Mille bombes ! interrompit l'invalide ; ton capitaine n'était qu'un royaliste. Il fallait lui lire la Déclaration des droits de l'homme et du citoyen, par Maximilien Robespierre...

— Attendez ; vous verrez plus tard le bon tour que m'a joué la Déclaration des droits de l'homme.

J'étais signalé déjà au régiment comme un républicain dangereux. Mais c'était encore le bon temps ; on nous laissait parler politique ; nous pouvions lire les journaux en nous cachant un peu. N'était-ce pas justice, après tout, et le citoyen qui paye un impôt de plus que les autres à la patrie, l'impôt du sang, doit-il être pour cela réduit à l'état de brute ? Tout au contraire, il me paraissait, et il me paraît encore, que la patrie, nous prenant plus qu'aux bourgeois et nous ôtant notre liberté individuelle, doit entourer de garanties plus grandes notre liberté morale. J'avais compris que cela serait ainsi sous un gouvernement républicain. Ils m'ont cruellement désabusé, allez !

Je faisais toujours partie de l'armée des Alpes ; les Italiens avaient succombé une seconde fois, et les journaux étaient remplis des crimes commis à Milan par Radetzki. A Vienne, deux ou trois brigands, qui sont la honte de l'épaulette, avaient mitraillé le peuple, massacré des femmes et des enfants, fait fusiller des prisonniers... Nous étions indignés, et nous murmurions tout haut... Tout à coup une partie de l'armée est mise en mouvement ; mon régiment reçoit l'ordre de partir pour Marseille ; une escadre attend, nous allons débarquer en Italie... Vous croyez peut-être que c'était en faveur de la liberté ? Pas du tout, c'était pour le pape. Soldat du pape à l'intérieur, soldat du pape à l'extérieur !

J'étais décidé à me faire sauter la cervelle, plutôt que de me battre contre un peuple, et nous étions comme ça un certain nombre. Le gouvernement recula. Il fit bien ; mal lui fût advenu de tacher le drapeau français. A cette reculade la France et l'Italie gagnèrent. Il n'y a que moi qui y perdis encore quinze jours de soleil, pour avoir dit que sous Napoléon et la première République les soldats français aidaient les Romains à chasser leurs tyrans.

On savait, à l'état-major, que j'avais de l'influence sur mes camarades, Les élections du Président approchaient ; le capitaine me fit appeler : « Jean Maclou, « vous êtes un brave soldat, quoiqu'un peu mutin. « Vous savez que le neveu de l'Empereur se porte. « Sous celui-là, ce ne sera pas comme sous Cavaignac ! « l'armée ne servira plus contre le peuple, parce que « le peuple sera pour la République avec Louis Bo-

« naparte ; et la France reprendra la place que lui « avait donnée Napoléon. Puis, je vous le dis en con- « fidence, *le prince* cache son jeu : il est plus démo- « crate que Ledru-Rollin, et plus socialiste que Ras- « pail... Nous comptons sur vous. »

Et trompé comme les autres, je fis tant et si bien pour le neveu de l'Empereur, que tous les républicains du régiment mirent son nom sur leur bulletin. Louis Bonaparte fut nommé, vous savez ce qu'il fit ensuite. Il prit pour ministres les continuateurs de ceux qui avaient comploté contre son oncle, vendu le pays aux alliés, traîné les généraux devant les conseils de guerre ; et aussi des hommes qui avaient précipité la chute de Louis-Philippe et mis la France au ban des nations. Falloux le royaliste, Léon Faucher l'orléaniste, Barrot l'impuissant, formèrent le conseil de ce prince, qui, mentant à son programme, ne nous a donné ni la gloire, ni l'amnistie. ni le repos, ni la prospérité, ni l'empire, ni la vraie république ; mais une quasi-restauration d'une quasi-légitimité.

Vous comprenez que tout cela se sut vite au régimant ; ce fut comme sous Cavaignac et même pire. Dès que le ministère Faucher-Barrot se vit installé, le peu de dignité morale qui restait au soldat fut aussitôt rogné impitoyablement. se vengeant sur le pauvre conscrit des réformes profondes apportées par la Constitution, les royalistes s'acharnèrent contre nous afin de nous réduire à l'état d'ilotes ; et malheur à celui qui, pénétré de la sainteté de ses droits de citoyen, essaie de les exercer et cherche dans la lecture à s'initier à la vie politique et sociale. Laisser lire le soldat !..

on préfère qu'il aille s'enivrer au cabaret; lui permettre de s'instruire pour se rendre compte des hommes et des choses .. Allons donc ; il n'est qu'une machine de guerre, de guerre civile, s'entend ; car pour la guerre étrangère, Faucher-Barrot n'a pas de poudre. Cavaignac a manqué faire de moi un soldat du pape, à la lettre; sous Louis Bonaparte, je le suis devenu tout-à-fait.

Soldat de la liberté, père Mathurin, vous marchiez pieds nus aux frontières, et Coblentz tremblait à votre approche ;

Soldat du pape, le 29 janvier, on me fait marcher sur la capitale contre un fantôme d'insurrection ; et nous paradons sur les quais à la grande jubilation des Parisiens, qui nous rient au nez et nous plaignent tout bas.

Soldat de la liberté, vous nommiez sous le feu de l'ennemi le plus digne pour vous commander ;

Soldat du pape, je vois percer sous l'uniforme de mon supérieur la fatuité d'un dandy et d'un muscadin à l'eau de bergamotte ; le caprice et la faveur me livrent au bon plaisir d'un officier de salon.

Soldat de la liberté, vous envoyiez à la Convention Saint-Just, Robespierre, Carnot, Cambon, Camille Desmoulin, Danton, et tous ces courageux représentants qui sauvaient la France de l'invasion et du royalisme ;

Soldat du pape, on me fait voter, sous peine de croupir cinq années sans avancement, pour des monarchiens qui ne prennent même plus la peine de cacher leur haine de la démocratie.

Soldat de la liberté, vous défendiez la Montagne contre les complices de Pitt et de Cobourg ;

Soldat du pape, c'est le parti de la Montagne qu'on désigne à ma baïonnette, le jour où Changarnier a rêvé d'émeute.

Soldat de la liberté, l'honneur était à l'ordre du jour dans vos demi-brigades ;

Soldat du pape, la délation est enseignée dans mon régiment ; et l'on m'offre une prime de 5 francs si je dénonce mon camarade coupable de républicanisme, suspect de socialisme, et surpris par moi lisant le *Peuple*, la *Réforme* ou la *Révolution démocratique*.

Soldat de la liberté, les droits de l'homme et du citoyen étaient confiés à votre patriotisme ;

Soldat du pape, j'ai fait deux mois d'Abbaye pour avoir précieusement conservé, au fond de mon sac, la Déclaration des Droits de l'Homme, souvenir de mon père.

Oui, Mathurin, continue Jean Maclou en s'animant, j'ai passé la moitié de mon service sous les verroux, pour avoir pris au sérieux les leçons de mon père, vieux républicain, et cette lettre de mon oncle, vieux soldat, où de riantes perspectives m'étaient ouvertes ; qui me montrait un peuple de frères, gardé par des frères armés ; qui me promettait le citoyen, dans toute la force de son droit et dans toute la dignité de ses prérogatives, sous l'uniforme ; qui me faisait voir la discipline des camps alliée aux allures de la vie civile, la gloire unie à la liberté !

Ne dites plus que je veux déserter un poste d'honneur. La République avait signé avec moi un contrat : je lui ai prêté mon bras, mais je n'ai pas entendu vendre et livrer mon intelligence aux ministres réactionnaires que l'intrigue porterait au pouvoir, servir leurs haines et leurs rancunes. Cette intelligence, on veut la détruire, l'étouffer, l'avilir... Je reprends mon bras, puisque la loi m'en fournit les moyens, et je laisse à de plus malheureux que moi la triste option entre les persécutions des monarchiens et les compromis avec la conscience.

Voici le jour des élections qui approche ; mon vote appartient aux amis du peuple, à ceux qui veulent la révolution de Février avec toutes ses promesses, avec toutes ses conséquences. Je veux envoyer à l'Assemblée des démocrates socialistes... Vous voyez bien que pour cela il me faut quitter le régiment, où mon vote serait un article de la théorie, réglé comme le maniement du fusil.

IV

Conclusion et moralité.

Lorsque Jean Maclou eut cessé de parler, un moment de silence se fit. Le père Mathurin réfléchissait à tout ce qu'il venait d'entendre. Au bout de quelques minutes, l'invalide s'exprima ainsi.

— Tout bien pesé, neveu, je persiste dans mon appréciation, et plus que jamais je dirai, après ton récit : Tu désertes un poste d'honneur. Te ferais-tu remplacer, si ton régiment se trouvait en présence de l'ennemi ?

— Plutôt recevoir dix balles dans la tête !

— Eh bien ! Jean Maclou, de tout ce que tu m'as

conté, il résulte pour moi que l'ennemi menace notre brave armée. Non pas l'ennemi qui tue, mais l'ennemi qui déshonore. Moralement, vois-tu, l'armée court d'aussi grands dangers, attaquée par les monarchiens, que si elle était attaquée, comme en 1815, par onze cent mille coalisés, instruments des aristocrates. Il faut sauver l'honneur du drapeau, et sauver aussi la République. Suis les conseils d'un ancien ; renvoie à ton père l'argent qu'il t'a donné pour payer un remplaçant ; demeure dans les rangs de nos jeunes soldats, et le courage que tu mettrais devant les Cosaques, emploie-le contre les réactionnaires. A chaque époque sa mission. Nous avons souffert, en 1792, sur les champs de bataille pour défendre notre nationalité, et nous sommes demeurés les vainqueurs. En 1849, craindrais-tu de souffrir un peu pour défendre les droits du citoyen, la liberté politique? Une telle lutte, pour être moins éclatante, n'en est pas moins glorieuse, et le résultat sera le même, j'en suis sûr. Rentre dans ton régiment, et fais deux parts de ta vie militaire : la part d'une stricte discipline pour tout ce qui concerne ton service, et la part de ta conscience pour tout ce qui a rapport à tes droits.

Il fut un temps, neveu, sous les Bourbons de la race aînée, où soldats catholiques, protestants et juifs étaient tous conduits à la messe, tambour battant, l'arme au bras, enseignes déployées. C'était le temps de la violation de la liberté religieuse.

Aujourd'hui, on essaye de vous conduire tous à l'urne électorale, enseignes déployées, l'arme au bras et tambour battant, pour y déposer le même bulletin officiel, sans s'inquiéter de votre opinion. C'est la violation de la liberté politique et sociale.

Mais halte-là ! nous avons une Constitution et une loi électorale qui ne font nulle distinction entre les citoyens de la Mansarde et ceux de la Caserne. Quand on a des droits, c'est un devoir de les revendiquer.

Ton droit, comme ton devoir, est de lire les journaux qui expriment tes opinions, d'éclairer tes camarades, de propager tes idées et de nommer pour représentants de la République démocratique, une et indivisible, des Républicains démocrates :

Et ce sera l'affaire de ces représentants de transformer le SOLDAT DU PAPE de la fabrique Faucher-Barrot et compagnie,

UN SOLDAT DE LA LIBERTÉ!

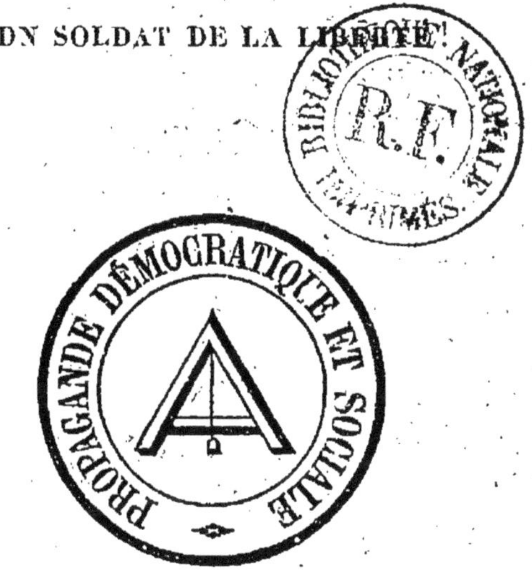

BIBLIOTHÈQUE NATIONALE R.F. IMPRIMÉS

Paris, imprimerie Desoye et Ce (ouvriers associés), 32, r. de Seine.

www.ingramcontent.com/pod-product-compliance
Ingram Content Group UK Ltd.
Pitfield, Milton Keynes, MK11 3LW, UK
UKHW020232200726
13856UKWH00004B/1732